AF501032

Publications de la Revue générale Biographique et Littéraire.

GALERIE LITTÉRAIRE.

I.

J. JANIN.

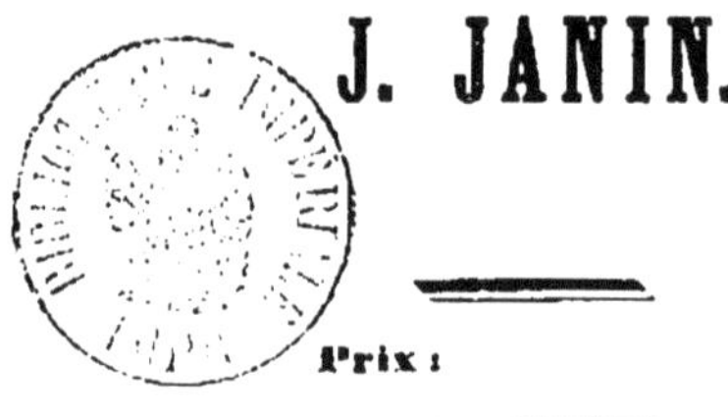

Prix :

PARIS.

BUREAU CENTRAL DE LA REVUE GÉNÉRALE BIOGRAPHIQUE ET LITTÉRAIRE,
Rue de la Paix, 13;

ET CHEZ LES ÉDITEURS,
Passage de l'Opéra, galerie de l'Horloge, 16.

1841.

J. JANIN.

J. JANIN.

Il y avait, dans les premiers temps littéraires, des hommes qui, après avoir passé les deux tiers de leur vie à blêmir sur des livres très-gros, très-graves et très-profonds, dépensaient le troisième tiers de leur vie à écrire d'autres livres non moins gros, non moins graves, non moins profonds. Ces hommes-là, encore *étudians* à l'âge de quarante ans et au-delà, étaient ce qu'on appelle des *savans*. Dans ces temps où le pouvoir et la richesse étaient, pour les ambitions non recommandées par le privilége de la naissance, des fruits aussi difficiles à atteindre que les pommes d'or du jardin des *Hespérides*;—dans ces sociétés dont le mouvement était si lent, si régulièrement monotone, qu'on pouvait les croire immobiles, les hommes dont la case était marquée entre le manoir et la cabane, et qui se sentaient quelque puissance, n'avaient rien de mieux à faire que de se rejeter sur l'étude. Ainsi faisaient-ils; et ils creusaient, avec une infatigable ardeur, cette mine féconde, la seule qui fût ouverte à leur activité. Ils étudiaient, ils écrivaient sans relâche. Mais pour qui écrivaient-ils? Etait-ce pour le seigneur?—Le seigneur, *en sa qualité de gentilhomme*, ne savait pas lire. Pressé de guerroyer et de jouir, le seigneur n'avait pas de temps à perdre à l'apprentissage de cet art *dégradant*. — Etait-ce pour le peuple? — Mais le peuple ne savait pas lire. Courbé, du matin au soir, sous le travail abrutissant de la glèbe, le serf n'avait pas le temps d'apprendre cet art *merveilleux*. — C'était donc pour eux-mêmes, pour eux et pour le petit nombre de leurs pairs seulement, que travaillaient les lettrés des temps dont nous parlons : or, comme ils ne pouvaient viser à la popularité, ils n'étaient pas pressés de produire; surtout, ils n'étaient pas pressés d'administrer souvent, et à petites doses, leur esprit à un public travaillé par une curiosité toujours haletante, toujours inassouvie. Ils mettaient donc dans leurs gros livres le résumé, — rarement concis, — d'une vie entière, et d'une vie presque toujours en dehors de l'action sociale : toutes leurs idées, toutes leurs rêveries, toutes les extases de la spéculation la plus abstraite et souvent la plus nébuleuse. De là, les in-folios, — peu amusans, en général, — mais respectables, pour la plupart, comme œuvres de conscience, comme monumens de persévérance courageuse, et très-utiles, d'ailleurs, comme exploration du champ de la pensée. — Paix à la poussière de ces livres et aux cendres de leurs auteurs !

Aujourd'hui, ce n'est plus cela. On n'écrit plus guère de gros livres, et ceux qu'on imprime, par hasard, se lisent peu. Notre époque a perdu tout caractère monumental. Nous vivons trop vite pour nous absorber dans ces œuvres lentes et imposantes de masse qu'un siècle original travaille avec amour pour les léguer à la postérité des siècles; — trop de choses se remuent autour de nous pour qu'il soit permis à la pensée de s'isoler absolument dans ses propres contemplations. Aujourd'hui que toutes les fonctions sociales sont ouvertes à tous ; aujourd'hui que chacun peut se dire à soi-même : *tu seras roi, Macbeth*! Il n'est pas une ambition qui ne s'oublie quelquefois à rôder à travers le brouhaha de la vie réelle. Dès lors, adieu à la claustration, adieu au recueillement, qui protégeaient jadis de leur ombre silencieuse les œuvres de longue haleine. Les Cénobites de la pensée n'existent plus, pour nous, qu'à l'état de souvenir.

Ce n'est pas qu'en cherchant bien, on ne puisse trouver encore, parmi les écrivains de notre temps, deux ou trois hommes peut-être qui continuent la chaîne de ces penseurs austèrement drapés dans leurs abstractions méditatives. Qu'ils se comprennent ou non, ceux-là jouissent d'une réputation de savoir incontestée, par la raison que personne n'a intérêt à la leur contester. Comment voulez-vous, en effet, qu'ils trouvent des rivaux ou, — ce qui revient au même, — des détracteurs ? Nul ne les lit. Quand un de leurs livres paraît, la foule s'ouvre respectueusement devant ce livre dont elle se donne bien garde de déflorer la virginité typographique ; et, sur la foi du titre, elle dit : *Voilà un ouvrage profond !* — Ceci passe à l'état d'aphorisme ; après quoi, il n'est plus question ni du livre, ni de l'auteur.

Il n'en est pas ainsi dans le domaine des écrits purement littéraires. Là, les rivalités sont ardentes, la *concurrence* est acharnée, parce que les besoins de la *consommation* sont impérieux et pressans. Dans la *fabrique* littéraire (qu'on me passe la trivialité du mot en faveur de sa vérité), l'*ouvrier* qui parvient à se faire un renom d'habileté doit avoir un mérite réel, parce que ses produits sont soumis au contrôle d'une foule d'émules intéressés à les déprécier.

Depuis que tout le monde sait lire et veut lire, la littérature a pris, chez nous, une physionomie entièrement nouvelle. Elle s'est amoindrie en gagnant de l'activité et en se vulgarisant ; le génie s'est éparpillé et s'est fait monnaie, — si l'on peut dire ainsi, — afin d'avoir cours partout. Un grand poète, M. Hugo, a dit quelque part que le monument écrit a tué le monument de pierre ;

on peut dire, avec non moins de raison, que le petit livre a tué le gros livre; et maintenant, voici que le journal est encore en train d'empiéter à grands pas sur le livre ainsi réduit, en attendant qu'il le tue peut-être. Cette pente a quelque chose de fatal qui entraîne les volontés les plus fortes.

Est-ce à dire, pour cela, que les in-folios et autres formats imposans soient bien à regretter ? Il est permis d'en douter. Après tout, cette littérature courante qui se mêle, sans crainte de déroger, aux faits journaliers de la vie, cache, sous son apparente frivolité, autant et plus d'enseignement peut-être que la littérature affectionnée aux formes les plus graves. Où trouverez-vous une analyse du cœur humain plus fine, plus délicatement nuancée; de la passion plus chaude, une critique sociale plus acérée, une comédie de mœurs plus vraie que dans certains romans de nos jours ? Où chercherez-vous plus d'esprit, plus d'observation, plus de causticité, plus de bonhomie que dans tel ou tel feuilleton de nos journaux ? Parmi les jeunes écrivains qui prodiguent, chaque matin, à la foule attentive les trésors de leur esprit et de leur âme, le plus spirituel, le plus populaire, le plus expansif et le plus aimé de tous peut-être est J. Janin, dont nous allons examiner rapidement la vie et les écrits.

Avant d'aller plus loin, nous devons dire que

ce n'est pas sans une espèce de frayeur que nous abordons cette première partie de notre tâche. Dans l'introduction publiée en tête de ses *Catacombes*, J. Janin lui-même a consacré au récit de ses premières années des pages qui feront l'éternel désespoir de ses biographes. La timidité dont nous protestons ici n'est pas, on peut le croire, une vaine précaution oratoire; elle a sa source dans une infériorité trop profondément sentie pour que son aveu soit suspect ou nous humilie. Parler de Janin, après avoir lu les pages si pleines de fraîcheur, de sentiment et de jeunesse que nous venons de citer, ce serait une témérité que nous serions les derniers à nous pardonner, si cette témérité ne nous était pas imposée.

Janin (Jules), le poète aimable que vous savez tous, eut un berceau très-peu poétique : il naquit au milieu de la fumée du charbon et du tintamarre des fabriques industrielles, à Saint-Etienne en Forez, le 11 décembre 1804. Son père, avocat assez distingué, était un homme dans lequel on s'accordait à reconnaître un sentiment exquis de toutes les élégances. Sa mère était la plus dévouée des mères; la famille était nombreuse et pauvre; l'enfant fut envoyé, aux frais de la ville, au collége de Lyon. Là, il rencontra Edgar Quinet, le poète, Armand Trousseau, aujourd'hui professeur à la faculté de médecine, plusieurs autres turbulens esprits qui venaient faire le désespoir du collége, dont, plus tard, ils seraient l'honneur. Une émeute véritable les fit mettre hors de cour les uns et les autres; Janin s'en vint gaîment, avec sa honte et son repentir douteux, frapper à la porte du collége *Louis-le-Grand*, où il entra au milieu du plus beau mouvement classique des études. Placé, par rang de force, à l'extrémité du premier tiers de la classe, il fut accepté par les élèves comme un garçon d'esprit et de bonne humeur, parfaitement heureux d'être au monde. Là, il passa quatre ou cinq années abominables, grâce à certain proviseur, mal élevé et brutal, dont M. Frayssinous fit justice, à la grande joie de tous ces pauvres martyrs.

Au sortir du collége, où il venait d'achever ses études, Janin se trouva dans les bras de sa grand'tante, cette bonne femme octogénaire dont il parle avec tant d'amour et de respect, qu'il nous la fait aimer et respecter comme notre propre mère, et qu'il peint avec une sensibilité si vive que nous la reconnaîtrions à première vue, si elle vivait encore, nous tous qui ne l'avons jamais vue. A l'âge où, chez les natures vulgaires, le cœur est déjà glacé par le froid de la mort, elle venait, cette femme si aimante et si aimée, *pleurer, se réjouir et souffrir* avec l'enfant de son amour. Ainsi réunis, le jeune homme et la vieille tante allèrent se loger rue du *Dragon*, dans un modeste appartement au quatrième étage, où Janin passa quatre années de sa vie, gagnant laborieusement et gaiement le pain de chaque jour, *en enseignant au cachet, aux enfans de bonne maison trop délicats pour aller au collége, mille choses qu'il ne savait guère : le Latin, le Grec, l'Histoire, la Géographie* ; — prêt à enseigner, au besoin, *avec huit jours d'avance, l'hébreu ou le syriaque, sans être embarrassé* (1).

Ces quatre années, dont Janin parle comme du temps le plus heureux, le plus facile de son heureuse et facile vie, complétèrent admirablement son éducation classique ébauchée au collége. Aucune de ces leçons, dont ses élèves étaient trop riches pour profiter, ne fut perdue pour lui ; obligé de passer en revue tous les grands écrivains de l'antiquité, il contracta, dans leur intimité, ce sentiment exquis de la littérature classique auquel il doit les plus précieuses qualités de son style.

Des habitudes de travail égayées par des joies simples ; — de belles amitiés dont le culte a été fidèlement gardé ; — de faciles et fraîches amours enchantèrent ces années de première jeunesse et de poésie, si souriantes encore à travers les mélancoliques regrets de l'artiste. Parmi ces amitiés, restées toujours si vives dans les souvenirs et dans le cœur de Janin, les noms les plus aimés sont ceux de *Théodose Burette*, qui a inspiré au feuilletoniste, dans le nombre des élo-

(1) J. Janin, introduction aux *Catacombes*.

quentes pages consacrées à ses amis, quelques pages incomparables de sentiment;—de *Boitard*, la gloire de l'école de droit, mort aujourd'hui, et dont la mère a dû à l'intercession de Janin une pension généreusement accordée par M. Guizot;— de *Laplace*, docteur en droit, l'un des plus savans élèves de la faculté ;—de *Rufz*, agrégé à l'école de médecine, le Dupuytren de la Martinique. — Ces quatre ou cinq amis ont toujours vécu ensemble de la même vie, toujours occupés d'études classiques; — J. Janin les suivant partout, même à l'école de droit, dont il était un assez bon élève.

Je pourrais vous dire comment Janin, alors qu'il ne pensait qu'à son étude chérie des maîtres des littératures grecque et latine, se réveilla, un beau matin, homme de lettres et journaliste, pour être allé, la veille, à l'*Opéra-Comique, un soir d'été, avec une demoiselle de l'Opéra*; mais j'aime bien mieux vous renvoyer à l'introduction des *Catacombes*, dans laquelle il raconte lui-même cette aventure avec cette verve d'esprit et cette magie de style dont il a le secret. Vous devrez à ma réserve une heure de lecture agréable; et moi, j'échapperai au danger d'une comparaison désastreuse.

Janin fut l'un des fondateurs du *Figaro*, petit journal satirique sans antécédens en France et que rien n'a encore remplacé. Publié au plus fort de la restauration, sous M. de Villèle, il était rédigé par quatre ou cinq jeunes gens : Rolle, Brucker, Michel Masson, Loève-Weimar, Janin. Ils faisaient fort innocemment toutes leurs méchancetés, dont ils se repentirent plus d'une fois. J. Janin fut bientôt las de ces colonnes trop étroites; et puis, cette satire de tous les matins finit par lui faire peur. Il raconte lui-même qu'un jour, en voyant passer le cercueil de M. le duc Mathieu de Montmorency, homme respectable et respecté, que nos étourdis avaient attaqué dans leur journal, sans le connaître, uniquement parce qu'il était un Montmorency, il se mit à fondre en larmes, comme s'il eût assassiné cet homme excellent auquel il a voué, depuis, une espèce de culte, en expiation du mal involontaire qu'il lui avait fait.

Ainsi disposé, Janin entra, un beau jour, à la *Quotidienne*, où M. Michaud, le vénérable doyen de l'Académie française, poète, historien et critique, lui tendait une main bienveillante. Là, tous ses vieux instincts de royaliste se réveillèrent, et il fit de l'opposition à M. de Villèle, dans la *Quotidienne*, comme il en avait fait dans le *Figaro*. Cela dura jusqu'au jour où la *Quotidenne* triomphante put proclamer, à haute voix, le ministère Polignac. Certes, alors l'avenir était beau pour notre jeune homme ! — eh bien ! le lendemain même de l'avènement du ministère Polignac, il quitta la *Quotidienne* pour entrer au *Journal des Débats*, où il fut reçu, à bras ouverts, par un homme auquel il a voué toute sa reconnaissance, tous ses respects, — M. Bertin l'aîné, — qu'il regarde comme le fondateur du journal en France. J. Janin a fait de la politique, dans les *Débats*, jusqu'à la publication de *Barnave*. Alors seulement il entra dans la voie qui convenait tout-à-fait à la nature de son talent : il prit le feuilleton des *Débats*, l'arme toute-puissante maniée avec tant d'habileté par Geoffroy et par Dussaulx.

Accessoirement à ce travail, Janin écrit dans plusieurs revues. Il est un des fondateurs de la *Revue de Paris*, où ses études sur *Mirabeau*, sur le *marquis de Sade*, sur *Aristophane*, furent remarquées tout d'abord. Il publia dans la *Revue des Deux-Mondes*, alors qu'elle en était encore à ses premiers numéros, une espèce de parallèle entre trois jeunes gens dont l'un est mort depuis : les ducs de Bordeaux, de Reichstadt et d'Orléans. L'*Artiste* se félicite aussi de sa collaboration. C'est là qu'il a écrit l'histoire des Salons de 1839 et 1840 et celle de la dernière exposition de l'industrie. M. Saint-Marc Girardin, dans son cours, le comparait, ces jours passés, à Diderot.

Plus d'un contemporain, qui l'a adopté, a trouvé dans Janin un fidèle serviteur de son génie et de sa gloire. C'est ainsi que nous lui devons une vie de M. de Châteaubriand, l'introduction du *Jocelyn*, de M. de Lamartine, une belle biographie de G. Sand, etc...

Les gens qui ne lisent que les feuilletons si

finement jaseurs dans lesquels Janin s'amuse à rire avec son public ne se doutent guère des études sérieuses auxquelles il a employé une partie de sa vie. Eh bien ! la grande joie de ce bonhomme du feuilleton si goguenard, si superficiel est cependant (qui le croirait ?) de faire du latin et du grec. Il a écrit, sur *Martial*, un travail remarqué même à Berlin ; il a retrouvé la vie de *Tacite*. Son morceau sur *Pétrone*, son histoire d'*Ovide*, sa boutade sur l'*Ane d'Or* ont une valeur incontestable. Son amour pour les classiques est une passion sérieuse.

Dans son voyage récent en Italie, J. Janin a adopté Florence et il a fait, sur cette ville, d'assez belles études. Ses lettres, imprimées dans les *Débats*, forment un vol. in-8°, dont la deuxième édition est sous presse. La suite du livre publié dans la *Revue des Deux-Mondes*, intitulé : *Le Voyage d'un Homme Heureux*, justifie tout-à-fait ce titre, le plus hardi qu'on puisse prendre aujourd'hui : heureux, en effet ! car, après avoir vécu quelque temps dans toutes les misères d'une vie exceptionnelle, il est redevenu le plus libre des hommes. Maintenant, grâce à une certaine fortune personnelle, il est indépendant ou bien près de l'être ; et peut-être ses nouveaux loisirs seront-ils consacrés à un travail de longue haleine. — Depuis deux ans, il dicte et ne tient plus guère la plume.

En 1834, Janin a envoyé à ses inondés de

Saint-Etienne 30,000 fr. montant d'une souscription ouverte par lui. Il a été un des premiers à refuser d'entrer dans la *Société des gens de lettres*, parce que, disait-il, il est peu généreux de faire payer à de malheureux libraires quelques bribes d'esprit ramassées çà et là. Si cette raison n'est pas très-concluante en logique, c'est, du moins, le scrupule d'une délicatesse honorable. Toujours est-il que l'opposition de Janin n'a pas été sans influence sur la société des gens de lettres qui, dès lors, n'a guère marché qu'à cloche-pied.

Il ne faut pas considérer Janin comme un écrivain de livres, quoiqu'il en ait écrit déjà beaucoup : c'est moins un auteur qu'un journaliste. Le journalisme, voilà sa puissance et son orgueil. Il est aussi fier d'être un journaliste qu'on peut l'être d'être maréchal de France. Cet homme, admirablement insoucieux de la critique, tant que la critique ne s'adresse qu'à lui, est un lion déchaîné, dès qu'on attaque de près ou de loin sa profession. On peut citer, comme une de ses meilleures pages, sa lettre à Mme de Girardin, publiée dans l'*Artiste*. Il a fait l'histoire du journal à l'Athénée. Sa parole, confuse d'abord, finit par devenir claire et limpide. Il parlait vite et bien. Mais les vieillards qui l'entouraient, encore tout imbus des préjugés du siècle passé, restèrent stupéfaits en entendant ce jeune homme faire l'apologie de Fréron. Comme journaliste,

Janin se soucie fort peu de n'être pas toujours resté ostensiblement dans la même ligne; dans ce travail de chaque jour, il se vante de n'avoir jamais cessé d'être, à travers toutes ses variations, un journaliste : rien de plus, rien de moins. Cette justice, qu'on ne peut refuser de lui rendre, suffit à son ambition.

Comme critique, le rôle de Janin est très-important. Il a eu, dans cette carrière, bien des bonnes fortunes : ainsi, par exemple, c'est lui surtout qui a défendu Mlle Mars; lui tout seul qui a découvert Mlle Rachel. Ce critique, après tout, n'est pas aussi noir que certaines gens l'ont voulu faire. Il aime autant à louer qu'à blâmer; il est même plus heureux quand il loue : c'est un plaisir auquel il s'abandonne sans restriction. En revanche, il est quinteux, banal, sceptique, pas du tout grave; il ne faut pas trop compter ni sur son blâme, ni sur sa louange. Cependant, dans les grandes occasions où ses convictions de cœur sont en jeu, il sait trouver de l'éloquence et de l'énergie : ainsi, par exemple, il y a bien eu quelque courage de sa part, en 1830, quand le théâtre était déchaîné comme tout le reste; quand on nous montrait, à la *Porte Saint-Martin*, l'archevêque de Paris comme un voleur, un incendiaire, à se lever, seul contre tous, pour crier au scandale et protester qu'une pareille licence ne pouvait pas être tolérée. Il a rendu là d'assez grands services qui lui ont valu d'assez mauvais traitemens.

Une réfutation sans réplique pour ceux qui ont accusé le cœur de Janin, c'est qu'il a toujours été entouré d'honorables amitiés auxquelles il n'a jamais manqué. Sans parler de ces fraternelles liaisons de sa première jeunesse, vers lesquelles il se complaît à faire de si fréquens retours et dont il parle avec une éloquence si vraie, Carrel, dont il a fait un bel éloge dans l'*Artiste*, l'aimait; il est resté fidèle à M. Thiers, alors que tous l'abandonnaient ou l'attaquaient; on le rencontre souvent chez l'ex-président du conseil des ministres, où il a toute liberté de parole, — et chez le procureur-général Franck-Carré, cet homme si terrible de loin, si aimable et si bon pour ceux qui peuvent l'approcher tous les jours.

Janin a gagné, en Italie, une petite maison. Il a raconté cette bonne fortune avec beaucoup de bonne humeur dans son *Voyage*. C'est une bicoque de peu de valeur, mais très-jolie, à ce qu'on assure. Le prince de Lucques, dans les états duquel le hasard a rendu notre poète propriétaire de ce petit domaine, l'a adopté comme l'un de ses meilleurs sujets.

Une tête assez légère avec un excellent cœur; —insouciant et affectueux; —sentimental et moqueur; — versatile comme le vent; — n'ayant nulle prétention à l'étiquette ni au décorum; —

se mettant parfaitement à l'aise avec tout le monde, et aidant, de son mieux, chacun à en faire autant vis-à-vis de lui; — optimiste par position et repoussant, comme une mauvaise pensée, toute tendance au spleen, — comme une faute de goût, toute déclamation contre la vie, tel est à peu près Janin. Il répond à toutes les lettres qu'on lui adresse. Toujours accessible au premier venu, il ne veut jamais qu'on lui parle en particulier. Le soir, au lieu d'aller dans les salons, il se promène, comme un vagabond, dans les rues de Paris; il rentre toujours à pied, depuis qu'il s'est défait de ses chevaux, dont il s'est très-bien moqué dans sa réponse à M. Walewski, en avouant que ce luxe le rendait parfaitement ridicule à ses propres yeux. Il abomine les femmes de lettres, et conseille aux jeunes gens de ne pas entrer dans son métier. Libre de toute ambition, il n'a jamais voulu d'aucune place, quoiqu'il ait été l'ami de tous les ministres; aussi fut-il bien étonné lorsque le sultan lui envoya, l'un de ces jours passés, sa croix en diamans. Après tout, et quoi qu'en disent les gens bilieux, il faut bien que notre Janin soit un bon et honnête garçon; car, s'il lui arrivait de faire une mauvaise action, sans aucun doute, elle serait immédiatement affichée sur les murs de Paris et de sa Banlieue. Somme toute, ce critique atrabilaire assure qu'il aime beaucoup ses amis, et il prétend que, s'il mourait, il aurait, en dépit de ses ennemis, le plus bel enterrement de tout Paris. C'est peu modeste, mais cela pourrait bien être vrai.

Ce que Janin a écrit déjà est incroyable. Indépendamment des travaux que nous avons nommés en passant, dans le cours de cette notice, on lui doit encore :

1° — L'*Ane mort et la femme guillotinée*, 1 vol. in-8° (4e édition).

2° — La *Confession* (2e édition).

3° — *Barnave*, 4 vol. (3e édition).

4° — *Les Contes Fantastiques*, 4 vol. in-12.

5° — *Les Contes Nouveaux*, 4 vol. in-12.

6° — *Debureau*, 2 vol. in-12.

7° — Le *Chemin de traverse*, 2 vol. in-8° (2e édition.)

8° — *Un Cœur pour deux Amours*, 1 vol.

9° — Une traduction du *Voyage sentimental*, de Sterne.

10° — Les *Catacombes*, 6 vol.

11° — Le *Voyage d'un Homme heureux*, 1 vol.

Enfin, un nombre difficile à compter de préfaces et d'articles de tous genres, éparpillés dans une foule de recueils.

Nous devons un coup-d'œil aux plus importantes de ces productions.

L'*Ane mort*. — Ce livre, commencé d'abord en plaisantant et pris ensuite au sérieux, est, parmi les écrits de Janin, celui auquel on attache, communément, le plus de valeur comme pensée. Pour donner une idée précise de la portée qu'il avait dans les intentions de l'auteur, nous ne voyons rien de mieux à faire que de citer ces lignes de la préface :

« C'est à peine si je sais moi-même ce que c'est
» que mon livre ; — si, par exemple, je n'ai fait
» qu'un roman frivole ; — ou une longue disser-
» tation littéraire ; — ou bien encore un sangui-
» naire plaidoyer en faveur de la peine de mort ;
» ou même une histoire personnelle ; — ou, si
» vous aimez mieux, quelque long rêve, com-
» mencé dans une nuit d'été lourde et chaude et
» achevé au milieu de l'orage. . . . .
» . . . .
» pour n'être pas la dupe de ces émotions fati-
» gantes d'une douleur factice dont on abuse à la
» journée, j'avais voulu m'en rassasier, une fois
» pour toutes, et démontrer invinciblement aux
» âmes compatissantes que rien n'est d'une fa-
» brication facile comme la grosse terreur.

» Mon livre était non-seulement une étude
» poétique que j'avais voulu faire, mais encore
» les mémoires exacts de ma jeunesse, que j'ai
» voulu écrire. »

Maintenant, voici, en deux mots, toute la fable : Janin prend une jeune fille à la campagne ; il la conduit à Paris, en fait d'abord une femme entretenue et l'entoure de tout le luxe d'une femme entretenue de première classe ; bientôt, il lui fait descendre l'échelle de la prostitution, et nous la retrouvons dans un ignoble lupanar où elle assassine l'homme qui l'a débauchée; puis, il la jette, dans un cachot, entre les bras de son geôlier, un être abominablement difforme; après lui avoir laissé à peine le temps de faire ses couches, il la traîne à la guillotine, de là au cimetière de Clamart, où des femmes du peuple viennent, quelques heures après, l'arracher, pour avoir son linceul, de la fosse que lui avait achetée certain jeune homme romanesque et vertueux qui, pour avoir vu, un beau jour, cette malheureuse fille courir à travers champs, sur un âne, l'a toujours aimée d'un amour silencieux, et n'a pas cessé de veiller sur elle, comme une providence.

Si notre poète a voulu épuiser, pour n'y plus revenir, les épaisses émotions de l'horrible, il a parfaitement atteint son but, et nous le félicitons d'avoir irrévocablement secoué de ses pieds la fange de cette ornière dans laquelle tant d'autres ont croupi. Nous avons entendu dire qu'il y avait, dans l'*Ane mort*, une critique sociale puissante. Cela serait peut-être vrai, si Janin n'avait pas fait de son héroïne une femme sans âme et sans cœur; mais, avec le caractère de sécheresse odieusement exceptionnelle qu'il lui a donné, le tort de ses malheurs paraît moins imputable aux conditions du milieu social qu'à l'ingratitude de cette nature. Ce n'est pas que nous pensions qu'il y ait des natures radicalement et originellement perverses; seulement, il nous semble que, lorsqu'on veut démontrer la fausseté de certaines habitudes sociales par les déviations que les individus contractent sous leur empire, il faut donner à ces individus une organisation telle que sa tendance naturelle au bien soit évidente, et que l'on soit forcé de conclure, de ses travers, contre le régime social sous lequel elle s'est développée. C'est là précisément ce que Janin n'a pas fait, et voilà pourquoi nous nous inscrivons, dubitativement du moins, contre une intention dont on aurait peut-être beaucoup de peine à le convaincre lui-même.

Quant à la forme, elle nous semble l'une des plus simples, des plus vigoureuses et des plus sobres que Janin ait jamais employées. La sève d'un talent fécond fait éruption, çà et là, à travers l'écorce. Il y a, sinon dans le plan général, du moins dans les détails, du sarcasme amer contre ce qu'on appelle la civilisation. C'est la critique frondeuse et tranchante du jeune homme qui déshabille de leurs brillans oripeaux tous les vices qui lui tombent sous la main, qui s'indigne contre tous les abus qui se rencontrent sur sa route. On ne reconnaît pas, dans cette ardente diatribe, l'homme qui se sent si heureux d'être au monde, l'optimiste souriant qui regarde la vie à travers des lunettes roses. Evidemment, Janin était plus jeune alors qu'aujourd'hui. Le scepticisme ne lui avait pas encore appris la tolérance.

La Confession a été beaucoup louée par les

Anglais, ce qui n'empêche pas Janin de l'abandonner comme un livre mal fait. — Nous ne voulons pas le contredire.

Barnave. — Fidèle à notre habitude de laisser à un auteur le soin d'expliquer lui-même la pensée de ses livres, nous emprunterons, ici encore, quelques lignes à la préface de Barnave. Ecoutons :

« Je serais désolé, si le livre que voici était
» pris pour un roman historique. Je n'ai voulu
» faire ni un roman ni une histoire. »

Un peu plus loin, après quelques réflexions judicieuses sur les doutes, les contradictions de l'histoire moderne, Janin écrit :

« Mon esprit ne savait où se prendre, au milieu
» de tant d'incertitudes. Plus je poursuivais la
» vérité avec ardeur, plus elle prenait soin de
» me fuir. Enfin, désespérant de l'atteindre, j'ai
» vu qu'il me serait impossible de reconstruire
» l'histoire telle qu'elle s'est passée ; et comme
» pourtant, il me fallait une histoire, j'en ai fait
» une à ma manière et, pour ainsi dire, à mon
» usage. Deux grands faits pourtant m'ont ap-
» paru clairs et positifs, dans mon histoire à moi :
» la plus vieille monarchie de l'Europe s'écrou-
» lant en quelques jours, et une tête de roi tom-
» bée sur la place publique. Puis, l'infortune, le
» talent, l'erreur, le crime mêlés à cette grande
» catastrophe ; et voilà ce que j'ai voulu repré-

» senter en quelques personnages, résumer en » quelques noms propres. »

Ainsi, nous sommes bien avertis : dans l'histoire, Janin voit d'abord le fait principal. Celui-là, il tient à le dire tel qu'il s'est passé ; mais, dans la relation des épisodes accessoires, il ne se piquera pas du même scrupule.

Janin a personnifié sous quelques noms propres : — Marie-Antoinette, Mirabeau, Barnave, le duc d'Orléans, — les principaux élémens de la révolution, les caractères saillans du temps dans lequel il a placé son *drame* ; — car, c'est bien du drame plutôt que de l'histoire qu'il a prétendu faire. — Si, en définitive, il a tracé une esquisse générale assez vraie de la société et des événemens qu'il a voulu reproduire, on ne pourra pas lui reprocher d'avoir faussé l'histoire, quand même il aurait inexactement apprécié quelques hommes. Ce serait une simple erreur de noms propres, non de l'inintelligence des phénomènes historiques (1).

Voulons-nous savoir maintenant, de Janin lui-même, le sens de la fable de *Barnave*? Il va nous le dire en quelques mots :

« En faisant tourner des événemens et des » personnages si graves autour d'une action si

(1) Dans notre conviction, la manière dont l'auteur comprend l'histoire n'altère en rien la physionomie d'une époque. Il y a autant de philosophie, à vrai dire, dans cette méthode historique que dans toute autre.

» futile, mon but n'était pas autre que de repré-
» senter quelque peu la naïve corruption de cette
» époque qui s'est perdue, à force de tout analy-
» ser............... l'analyse a perdu tout le XVIIIe
» siècle; elle a tout gâté en France. »

La fonction du seigneur allemand, ce sceptique révolutionnaire victime, lui aussi, de l'analyse, est de lier entre elles les diverses parties de la fable.

Quelles que puissent être les fautes de ce livre, l'auteur abdique de si bonne grâce toute prétention à l'autorité de l'enseignement, qu'il n'est guère possible de relever dans *Barnave* autre chose que des qualités. — Il y en a beaucoup.

D'abord, son grand seigneur allemand, ce philosophe tant soit peu frondeur, qui prend si tranquillement son parti de toutes choses et qui, en se cassant la cuisse, s'applaudit naïvement d'être tombé sous un beau ciel, au bord d'une jolie rivière, est un original très divertissant, une figure dessinée de verve. Son amour pour Fanchon la villageoise, qui préfère le valet au maître, nous a semblé d'une fraîcheur exquise.

La scène de la taverne, dans laquelle Mirabeau paraît pour la première fois; le charmant épisode de *l'Amoureux de la reine*, ce pauvre fou si poétique, si passionnément rêveur, qui aime Marie-Antoinette comme les anges aiment la Vierge; — celui des *Filles de Séjan*, que nous persistons à regarder comme un petit drame de l'intérêt le plus poignant et comme un modèle de récit, bien que nous ayons lu quelque part que c'était une superfétation monstrueuse ; — enfin, le magnifique portrait de Mirabeau, suffiraient déjà, selon nous, pour sauver *Barnave*. Dans ces pages, le géant de la tribune révolutionnaire revit avec toute son éloquence, toutes ses passions, tous ses vices, toutes ses vertus, toutes ses beautés, toutes ses laideurs. Peu s'en faut que le Mirabeau de Janin étourdisse et fascine le lecteur, comme le Mirabeau de la Constituante dominait et fascinait tout ce qui l'approchait.

Il y a, dans *Barnave*, des traits de penseur, et d'un penseur qui est allé au fond de bien des choses, qui en a pénétré toute la vanité. Le style d'une partie de l'ouvrage est plus simple, moins embarrassé de mots et d'épithètes, moins clinquant d'antithèses que ne le sont certaines pages de Janin. Mais aussi, pour dire toute notre pensée, il nous a semblé que, dans son troisième volume, il faisait de Mirabeau, de Barnave, de l'Allemand, de presque tous ses personnages, des parleurs sans fin, des déclamateurs épris de leurs périodes et quelque peu invraisemblables. Il est tombé quelquefois dans la sensiblerie, dans l'exagération, dans le faux. Et puis, la critique lui demandera pourquoi il a mis sous le nom de Barnave un ouvrage dans lequel Barnave ne figure guère qu'à l'arrière-plan, et se trouve complètement effacé par Mirabeau; — elle lui demandera ce que devient son héros, et pourquoi il l'abandonne au hasard des conjectures, par un caprice qui n'est pas mieux justifié que celui du titre?

Malgré ces taches, *Barnave* est un poème qui restera, comme toute œuvre dans laquelle la somme des qualités l'emporte sur celle des défauts. On ne doit pas s'étonner des inégalités de ce livre: il a été écrit en courant. La révolution française y est plutôt sentie qu'apprise; on y trouve empreint, à chaque page, le sentiment d'un profond respect pour la reine Marie-Antoinette, à qui Janin avait voué, dès l'âge de sept ans, une espèce de culte. De vieux royalistes se rappellent encore un article de lui, inséré dans *la Quotidienne*, sous le titre de: *les Cheveux de la reine*, et qui obtint un succès de larmes.

Lorsqu'en 1830, Janin attaqua le premier, dans *Barnave*, la maison d'Orléans, ce fut par accès de mauvaise humeur plutôt que par conviction. Ce livre, dont les exemplaires ne sont plus dans le commerce, fut réimprimé trois fois de suite. L'auteur, parfaitement accueilli par le roi, depuis, est décidé à n'en pas faire de nouvelle édition, parce qu'une nouvelle édition le placerait entre une lâcheté et un procédé de mauvaise compagnie.

Le *Chemin de traverse*. — L'introduction du *Chemin de traverse* est écrite avec beaucoup de verve et de simplicité. C'est que Janin jette un coup-d'œil rétrospectif sur sa jeunesse, sur les amis du temps passé, et qu'il est toujours éloquent quand il revient sur ces souvenirs. Ces pages sont délicieuses de fraîcheur. Nous avons remarqué surtout, sur le frère ignorantin Christophe, un morceau plein de sentiment. Celui qui comprend ainsi l'amitié, la reconnaissance, ne saurait être un homme sans cœur. Il a fait Christophe aussi grand, par son abnégation, son héroïque patience et sa noble simplicité, que les apôtres des premiers âges de l'Eglise.

Malheureusement, Janin se laisse souvent entraîner, par le plaisir de l'antithèse, en dehors du vrai. En voici un exemple : dans son parallèle entre Christophe, le pauvre frère ignorantin, et Prosper, le héros du livre, il dit : « Chacun d'eux ne voyait qu'un côté de l'humanité ; » Christophe en voyait le côté mélancolique et » religieux ; Prosper, le côté positif et utilitaire ; » — *le cœur de Christophe battait d'enthousiasme ;* » *le cœur de Prosper battait d'amour.* » Poète, ici, l'intelligence des sentimens humains vous a fait défaut ; vous venez de dire une hérésie. Vous opposez l'enthousiasme et l'amour comme deux contraires ; — ne savez-vous donc pas que l'amour, lui aussi, est un enthousiasme, et le plus entraînant, le plus généreux de tous ? Est-ce à nous à vous apprendre qu'il n'y a rien de commun entre l'idée *utilitaire*, l'idée *positive* et l'amour ?

Janin, dans le *Chemin de Traverse*, s'est apprécié lui-même en quelques lignes :

« L'auteur de ce récit, — dit-il, — s'il est quel-» que chose, n'est pas un homme d'imagination, » mais plutôt un homme de style. Il cherche, » dans un livre, la forme plus que le fond. Il » croit avoir beaucoup gagné, quand il est par-» venu à donner à sa pensée tous les développe-» mens que cette pensée pouvait rapporter. » (Page 82).

Nous nions que Janin ne soit pas un homme d'imagination. Tout le monde, avec nous, lui accordera le reste.

Janin est toujours causeur et quelquefois diffus ; mais il y a dans cette causerie une charme tout particulier ; dans cette diffusion mille jolis détails tout-à-fait attachans. Son livre est parsemé de traits d'une observation fine, ou d'une naïveté charmante. Il décrit avec bonheur l'effet d'isolement, d'écrasement que Paris produit sur tout jeune homme qui vient y chercher fortune, sans autre bagage que ses espérances et sa volonté de bien faire. Mais aussi, pour être juste, nous devons reconnaître que certaines fautes de sens et de tact viennent, par-ci par-là, faire tache au milieu de ses pages. Ainsi, par exemple, le langage qu'il fait tenir à l'évêque, dans le salon de la grande dame à laquelle le jeune Prosper est présenté, nous a paru en dehors de toutes convenances et de toute raison ; et lorsque le baron prend la parole pour défendre son neveu, il se lance dans une tirade déclamatoire que le bon sens réprouverait peut-être. La pose des principaux personnages de cette scène sent quelque peu le mélodrame.

Mais, à côté des défauts de Janin, on trouve toujours de belles compensations; et si, en le lisant, on est obligé de critiquer quelquefois, on peut, en revanche, s'abandonner souvent au plaisir de louer sans réserve.

Prosper de Chavigny, devenu riche, s'enivre d'une éloquente et mordante ironie contre les vices et les joies de Paris. Dans les leçons de savoir-vivre que l'oncle donne à son neveu, le sourire du baron de la Bertenache cache beaucoup d'observation et de finesse. Toute cette partie du roman est écrite de main de maître et vraiment forte comme critique sociale. Il y a de l'esprit de Molière dans cette satire du *Monde*. Le style gagne beaucoup en netteté, en fermeté, en concision; plus d'amplifications, plus de cette naïveté, de cette mignardise quelquefois voisines de la recherche. C'est un sarcasme profondément senti, vigoureusement et élégamment exprimé. La conclusion de la théorie d'éducation de l'oncle, c'est le scepticisme le plus complet.

Les regrets du frère Christophe, qui se désole de ne pas recevoir de nouvelles de son ami Prosper, ouvrent le deuxième volume. Dans ces pages, Janin semble avoir pris à tâche d'imiter les belles pages qui servent d'introduction au *Télémaque*, et, nous l'avouons, les plaintes du bon frère ignorantin ne nous ont paru ni moins éloquentes, ni moins harmonieuses que celles de la belle Calypso de mythologique mémoire. Le frère ignorantin de Janin est un admirable caractère. Cette création suffirait, à elle seule, au succès d'un livre. Il est impossible de ne pas aimer Christophe avec Prosper; de ne pas s'asseoir avec lui, sur les bords du Rhône, à l'ombre de quelque arbre ou de quelque haie, pour lire avec lui ses poètes favoris de la Grèce et de Rome; impossible de ne pas sentir dans son cœur le contre-coup de toutes les privations que le bonhomme supporte avec ce courage de la résignation cent fois plus grand que le courage des batailles. Janin a fait son frère ignorantin si beau, qu'on se prend presque à lui envier ses bas troués, son chapeau ignoble et son pauvre manteau râpé.

Un chapitre très beau, à travers les beaux chapitres de ce livre, c'est celui qui porte le titre de *Guet-à-pens*. Il est irréprochable, d'un bout à l'autre; la scène surtout où l'on voit Christophe à genoux devant le lit d'une fille de joie mourante, est d'un pathétique élevé.

L'attitude de Christophe, en présence du supérieur de son ordre, à Lyon, est magnifique de simplicité, de dignité et de franchise.

Les paroles que l'auteur met dans la bouche du vieux prêtre qui accueille Christophe, à Lyon, sont douces et harmonieuses; on croirait lire une des belles pages de Fénélon. Ce vieillard rappelle les nobles et bienveillans vieillards des poésies anciennes. C'est Mentor donnant ses conseils à Télémaque, mais un mentor chrétien. Cet homme parle la langue onctueuse et calme des sages les plus aimables de la Grèce.

Nous regrettons de ne pouvoir suivre Christophe dans son aventureux voyage de Lyon à Paris. Ce candide jeune homme, qui s'explique tout ce qu'il voit de nouveau dans le monde, qui répond à toutes les questions, à tous les doutes qui lui viennent sur son avenir, par des citations de Virgile ou d'Horace, est de la naïveté la plus divertissante. — O la délicieuse nature primitive!

Le style, souvent taché dans la première moitié du premier volume, se relève et se soutient très bien. Il n'a plus rien de lâche ni de diffus.

Résumons, en la généralisant, une critique déjà trop longue, et ne nous occupons plus des beautés de ce livre, assez évidentes par elles-mêmes, pour nous dispenser d'en parler davantage.

La fable du *Chemin de Traverse* est tout-à-fait invraisemblable. Christophe arrive rapidement à la fortune et aux honneurs, c'est vrai; mais il y arrive *malgré* sa probité, *malgré* sa simplicité de mœurs, — non *à cause* de cette probité, de cette simplicité. Car enfin, si le frère Christophe n'avait pas été, un beau jour, par le plus grand des hasards, foulé aux pieds du cheval du jeune de Chabriant, le malheureux Christophe, avec toute son honnêteté, avec toute son admiration pour Homère et Virgile, courait grand risque d'augmenter le nombre des grands hommes méconnus qui meurent de faim, à Paris.

L'invraisemblance, on pourrait dire l'impossible, — se reproduit dans presque tous les incidens du roman. — Non, il n'est pas possible qu'un simple jeune homme sans nom, parfaitement ignorant du monde et de ses usages, ayant vécu toujours dans un pauvre village, au milieu de pauvres enfans, ait tout d'abord, dans le monde, la tenue et les succès que lui prête l'auteur. Le plus noble cœur, l'amour le plus passionné des classiques latins ne suffisent pas pour nous donner cette forme sans laquelle on est toujours ridicule dans tous les salons, surtout dans les salons de l'aristocratie. Non, il ne suffit pas qu'un jeune homme soit présenté par une jeune fille ayant un grand nom, pour que ce jeune homme soit *poursuivi par le bruit et par les acclamations de la foule*. J'imagine, au contraire, que ce bon frère Christophe devait faire une figure assez ridicule, entrant dans les salons, à la remorque de Mademoiselle de Chabriant, alors même qu'on voudrait bien admettre que ce patronage ne fût pas une bravade des plus simples convenances. Après l'avoir promené, pendant quelques jours, dans le monde parisien, le poète, dans sa munificence, envoie notre naïf Christophe en mission diplomatique. Or, depuis quand, je vous prie, les missions diplomatiques se donnent-elles au premier venu, parce qu'il est *simple de cœur*, sans étude préalable de la diplomatie et des affaires publiques ? Il faut bien en convenir : en arrangeant les choses ainsi, Janin a fait abus de la licence poétique.

Le Chemin de Traverse veut dire, en définitive, ceci : pour arriver à la fortune, aux honneurs, il faut tout simplement être honnête, loyal, avoir du talent, du cœur, et suivre tout droit le grand chemin : — Témoin le baron de la Bertenache, cet intrigant qui meurt d'une mort misérable et désolée ; — témoin Prosper Chavigni, ce jeune homme si brillant, si noble et si fort, qui, pour avoir été à l'école du baron, a mis, un jour, le pied sur le seuil du suicide et finit par se réduire, avec sa belle Lætitia, au bonheur obscur d'un bon bourgeois d'Ampuy ; — témoin, enfin, le frère ignorantin Christophe, qui devient le baron Christophe, conseiller-d'état et gendre du duc de Chabriant, un des plus beaux noms de la monarchie ; pourquoi ? — parce qu'il a été, tout simplement, le bon, le naïf Christophe.

Il est inutile d'insister sur la fausseté de cette conclusion à laquelle l'observation la plus superficielle des choses de la vie donne malheureusement un démenti trop formel.

Le Chemin de Traverse est l'œuvre d'un très

jeune homme, parfaitement ignorant du monde, le rêve d'un bon cœur, d'un esprit loyal et droit; —c'est la création d'une brillante fantaisie, non le reflet des mœurs d'une époque.

On voit que le Rhône a exercé une puissante influence sur l'imagination de l'auteur. Il lui a inspiré des pages admirables de couleur, comme études de paysage. Le petit village que Janin ne nomme pas est *Saint-Pierre-de-Bœuf.* — La troisième édition de ce roman, qui a eu, malgré les observations critiques que nous venons de hasarder, un succès auquel personne n'applaudit de meilleur cœur que nous, va s'imprimer bientôt.

Le *Voyage sentimental*, de Sterne. — Janin, qui ne sait pas un mot d'anglais, a traduit Sterne avec bonheur. Ce tour de force passe pour un de ses meilleurs ouvrages.

Un Cœur pour deux amours.—Cette composition a été, selon nous, l'écueil du talent de Janin. Jamais nous ne l'avons trouvé aussi faux, aussi confus que là. Il s'est laissé aller à un cliquetis de mots, un imbroglio d'idées, un chaos d'invraisemblances que nous ne lui pardonnons pas, parce qu'il a d'assez beaux titres d'ailleurs pour pouvoir se passer de l'indulgence de la critique. Le style de ce malheureux roman est souvent maniéré, emphatique et prétentieux. L'intrigue roule uniquement sur une monstruosité figurée par deux sœurs—phénomènes dont tout le monde a pu admirer le type ou le calque dans les jumeaux Siamois exposés, ces années dernières, à la curiosité publique. Hé bien ! ces deux petites filles qui étudient tout, y compris le latin et le grec ; qui, à vingt ans, ont tout épuisé, la science de la vie aussi bien que la science des livres, en vertu d'une espèce d'intuition au moins contestable qui leur vient de ce qu'elles sont *deux* dans un même corps ou *une* dans deux corps différens, — comme vous voudrez ; — ces deux petites filles, dis-je, me semblent très peu avenantes et mortellement ennuyeuses.

Et puis, il y a je ne sais quoi de repoussant dans ces deux enfans attachées l'une à l'autre par un lien de chair ; l'amour de Don Martin et du jeune prince russe pour elles suppose un courage peu ordinaire. Cet amour double a quelque chose de monstrueux comme son double objet, quelque chose qui répugne invinciblement. Plus le poète fait ses jeunes filles belles, plus on se sent pris de pitié, je dirais presque de dégoût. On oublie toutes leurs miraculeuses qualités, et l'on ne voit plus que la terrible difformité qui les enchaîne.

Pour résumer notre pensée en deux mots, ce livre est en dehors de toute critique, parce qu'il est en dehors de toute vraisemblance, de toutes les conditions de la nature. C'est un tour de force d'aberration dans lequel Janin a dépensé, en pure perte, quelque peu de ce talent dont il est trop riche pour en être économe.

Un Cœur pour deux amours est une lecture qui fatigue et qui fait mal.

Les *Catacombes*. — Puisque nous sommes en train de susciter à Janin de chicanes qui ne l'effraieront guère, nous commencerons par lui demander d'où vient ce titre, qui nous semble prétentieux et faux. — Prétentieux, parce que des articles de journaux, auxquels il semble attacher si peu d'importance, aimeraient une enseigne plus modeste ; — faux, parce que c'est un singulier moyen d'*enterrer* ses productions, que de les réunir en volumes, pour les livrer à la publicité. Ce qu'il y a de certain, c'est que, sur la foi de ce titre, on est à cent lieues de s'attendre à ce qu'il cache ; l'imagination est tout étonnée de se voir rappelée des catacombes romaines et des solennités mystérieuses de l'église primitive, pour venir se promener à travers une série de feuilletons, fort jolis pour la plupart, mais sentant, par cela même, fort peu leurs Catacombes.

Parmi ces bribes friandes d'un esprit qui s'émiette avec si peu de scrupule dans le gouffre toujours béant de la publicité quotidienne, nous mentionnerons en passant : les *Mémoires de Martial*, morceau plein de verve, de malice, de fine plaisanterie, de bonhomie caustique, étincelant de couleur et dans lequel respire toute la grâce antique. Janin parle du poète en poète ; de Rome en observateur qui a trouvé le mot de cette civilisation croulante et fouillé jusqu'aux entrailles les vices élégans de la Rome des Césars ;

— *Le Mariage Vendéen*;

— *La comtesse d'Egmont*;

— *Les Tortures de la Reine*, ce feuilleton écrit avec des larmes éloquentes ;

Enfin, pour couper court à une énumération qu'en bonne justice nous devrions étendre peut-être, son travail sur *Pétrone*, travail vraiment remarquable, à tous égards. — Janin est irréprochable, toutes les fois qu'il aborde l'antiquité romaine; dans ces sujets, son style acquiert une limpidité, surtout une simplicité qui ne redoutent aucune comparaison. On voit qu'il a surpris plus d'un secret aux maîtres de cette belle littérature.

Le Voyage d'un Homme Heureux. — Les premières pages de ce livre n'en démentent pas le titre. A peine notre voyageur commençait-il à s'attrister de quitter ses amis, qu'il se trouve tout joyeux (bien malgré lui, vous pouvez le croire), de courir sur la grande route, de sentir le mouvement de sa chaise de poste. — Essayez donc de donner prise à la douleur sur une nature ainsi épanouie ! — Arrivé à Saint-Etienne, ce pays dont il n'est pas un enfant ingrat, il fait une réflexion mélancolique à propos du terrain que l'industrie, la spéculation gagnent tous les jours, sur la poésie, dans ces lieux où rêvait le poète d'Urfé ; mais il se console bien vite en pensant que, *avec les 1,000 fusils que Saint-Etienne fabrique tous les jours, on ira chercher de la pâture aux poètes à venir*. Insouciant, sentimental, goguenard, sceptique, comme à l'ordinaire, Janin est alternativement tout cela, quand il n'est pas à-la-fois tout cela dans son *Voyage*. Véritable enfant, mais bon enfant, s'il en fut, il a toujours, sur la joue, une larme à côté d'un sourire.

Il est difficile de ne pas rire avec Janin, lorsqu'il se met à visiter son petit fief du royaume de Lucques. Depuis deux ans déjà, il était seigneur de ce domaine *dont il fit gravement le tour en trois pas;* et, cependant, il ne l'avait encore jamais vu. — Ce que c'est que l'insouciance !

Dans son *Voyage*, où il dit, entre autres choses, beaucoup de bien du prince de Lucques, Janin a fait du paysage avec sentiment. Il y a mis de très beau style, tantôt simple et joli, tantôt brillant, chaud de lumière, de couleur et de feu. Il parle de l'Italie en amant enthousiaste qui en a senti toutes les beautés.

Janin est principalement, — pour ne pas dire exclusivement,—l'homme de la forme. Véritable artiste, quand il arrive à l'idée, c'est avec ce sixième sens de l'artiste,—l'intuition,— qui, dans ses allures capricieuses, dédaigne tous les procédés ordinaires de la logique. Malgré ses qualités brillantes, son style n'est cependant pas toujours à l'abri de tout reproche : nous le voudrions quelquefois plus simple, plus sobre de mots et surtout d'épithètes ; nous voudrions en voir disparaître les taches clair-semées d'un certain laisser-aller qui sent la miniardise, d'une naïveté un peu voisine de l'affectation. De temps à autre, il arrive à Janin de charger la couleur jusqu'à friser l'enluminure, de jeter sur sa toile des tons qui ont plus de clinquant que de véritable éclat ; — mais aussi, à côté de ces défauts accidentels que de riches et permanentes compensations ! Où chercherez-vous plus de souplesse, plus de légèreté, plus d'harmonie, plus d'abondance, et, au besoin, plus d'ampleur ? Quel est l'oiseau babillard qui chante plus agréablement ? Quelle est la femme du monde qui cause avec plus de gracieux abandon, plus de piquante coquetterie ? Janin a fait sur la langue un travail obstiné qui est encore son travail de tous les jours ; aussi est-il parvenu à la dominer, à l'assouplir et à la plier à tous les caprices de son inspiration ; voilà pourquoi Janin manie cette langue avec une agilité qui tient de la prestidigitation ; voilà pourquoi aussi il se trouve aujourd'hui, quoi qu'on en dise, à la tête d'une école dont il est l'orgueil et le désespoir.

Quelque frivole que paraisse Janin, il pourrait bien s'être fait dans sa tête un travail de pensée plus sérieux qu'on ne suppose. Peut-être, s'il eût vécu à l'une de ces époques qu'on a appelées *organiques*, par opposition à l'âge *critique* auquel nous appartenons, eût-il été un homme grave, à convictions ardentes et fortes ; mais, venu dans un temps où tout chancelle, où la Société s'en va de décomposition, on comprend que Janin, en désespoir du vrai, ait pris le parti de se moquer de tout le faux, de tout le clinquant, — hommes ou idées, — qui se pose avec des prétentions ridiculement exagérées. Son rire perpétuel cacherait, alors, toute la philosophie du scepticisme.

On a beaucoup reproché à Janin sa versatilité; eh bien ! — ceci va sembler paradoxal — nous croyons que cette versatilité dénote, sinon une grande portée, du moins une grande étendue d'esprit et surtout une nature très consciencieuse. En effet, il est des gens dont l'esprit n'aperçoit jamais qu'une face ou un très petit nombre de faces des objets. Qu'ils voient juste ou faux, ils affirment invariablement la nature de l'objet, d'après l'aspect partiel sous lequel il s'offre à leurs yeux, Janin, au contraire, voit aujourd'hui une face : il l'affirme ; — demain, il en voit une autre : il affirme encore cet autre côté, et ainsi de suite ; il ne reste pas planté, comme une borne, au même point de vue, et il a la bonne foi d'avouer tout haut les diverses influences que subit son jugement. Cette facilité de voir successivement toutes les faces des choses constitue ce que nous avons nommé l'étendue ou, — si vous voulez, — l'activité d'esprit. Quant à la naïve franchise avec laquelle Janin affiche ses variations, on ne niera pas que cela soit de la bonne foi, de la conscience. Aimerait-on mieux l'entêtement qui se cramponne, — par orgueil, aveuglement ou calcul égoïste, — à une affirmation ou une négation constante, toujours fort incomplète, sinon absolument fausse?

Voilà comment nous comprenons, ou plutôt comment nous sentons Janin. Sans doute, il y a bien de l'esprit, bien du talent perdus dans ces compositions légères qu'il éparpille à tous les vents; mais, nous l'avons dit déjà et nous le répétons: les gros livres ne se lisent plus; tout le monde, au contraire, lit Janin tous les jours. Que lui importe, d'ailleurs, à lui, le sort final de ce qu'il écrit? La postérité, direz-vous, qui aime qu'on se présente à sa barre avec des titres sévèrement reliés en veau et sous un format imposant?... — Hé mon Dieu! notre poète se soucie bien de cela, ma foi! son ambition ne va pas jusqu'à la postérité, vous pouvez le croire; et, d'ailleurs, ceux-là mêmes qui y prétendent le plus gravement ne sont pas toujours ceux qui y arrivent le plus sûrement. La gloire, c'est l'oasis d'un mirage; nous ne croyons pas Janin très empressé d'y mettre le pied. S'il chante, c'est par ce besoin naturel d'expansion poétique qui fait chanter l'oiseau dans le feuillage, l'insecte dans une touffe de fleurs; mais, avant de préluder, il ne se demande pas si on l'écoute; il ne suppute pas, dans une angoisse de vanité fiévreuse, les applaudissemens qu'il va recueillir. Il chante, et la foule bat des mains de plaisir, à cette musique improvisée; — car si, comme nous l'avons remarqué plus haut, Janin est moins un écrivain de livres qu'un journaliste, il est encore moins un journaliste qu'un insoucieux artiste, un brillant improvisateur. Ce que la postérité fera de ce poète, de cet artiste vagabond et flâneur, nous ne saurions le dire; seulement, nous croyons pouvoir affirmer ceci : tant que la sensibilité, l'esprit, le rire de bon aloi, le style et le goût seront comptés pour quelque chose dans le souvenir des hommes, le nom de Janin ne mourra pas.

L. BOIVIN.

IMPRIMERIE DE MADAME DE LACOMBE, RUE D'ENGHIEN, 12.

www.ingramcontent.com/pod-product-compliance
Ingram Content Group UK Ltd.
Pitfield, Milton Keynes, MK11 3LW, UK
UKHW012113240726
13965UKWH00004B/1744